يا ميس لا تعس

يالوكس

المملكة الأردنية الهاشمية
رقم الإيداع لدى دائرة المكتبة الوطنية
(2023/10/5383)

819.9

لكس بالدار/ صبيح، حسام جميل. عمان: جفرا ناشرون وموزعون

2023

ر.إ.: 2023/10/5383

الواصفات: /الخواطر الأدبية/ /الأدب العربي/ /العصر الحديث/

جفرا ناشرون وموزعون
عمان - الاردن
تلفون: 00962781332881 - مراد سارة
ايميل: muradsarah01@gmail.com

لكس بالدار

للكاتب

حسام حمدان

ألإهداء

أُهدي هذا ٱلكتاب إلى كل من جعلوا

ويجعلون بحياتنا لوكسا يضوي لعيوننا ولقلوبنا

لترى وتسلك طريق ٱلحب والحق لحياة بحريه

وإستقلال وسلام . آمين .

حسام حمدان

كفر راعي / بوسطن

٢٠٢٢/٩/٥

***

مقدمة

يا لكس بالدار

ذاكرة اللكس وضوه كان له أثر كبير بحياتنا، قادنا بعتمة الحارات والزقايق، وجمعنا بساحات لنعلل ونسهر وتعبر عن حياتنا بالليل والنهار .

تركتُ للقارئ أن يختار الخاتمة التي يشاء لهذا المؤلف الذي سعيتُ من خلاله فتح شبابيك واسعة على مجموعه قصائد ومقالات تميزن ضمن مجالات الحياة

وتجاوزن عتبة الحياة العادية التي تكرس في فضاء مغلق، قد يكون البيت، أو الشغل، أو بينهما . .

أردت أن يكتشف القارئ حياه الشعب الفلسطيني البسيط من خلال مجموعة احداث حققن تفوّقا لا يختلف حوله اثنان، بما تميزت به من ذكاء ومهارة ورغبة في بلوغ السقف الذي لا يصله أحيانا إلّا الرجال .. الاقوايا

الأرادة ليست حكرا على أحد .. لهذا انتصرت الكتابة في السياسة والاقتصاد والثقافة والاعلام وإدارة الأعمال .. ونيل الجوائز الكبرى عرفانا بالتميّز والقدرة على التأثير والتغيير ..

بلا شك ذاك هو ما يشعر به أي قارئ لهذه الحوارات التي سقطت فيها كل الأقنعة، وانتصرت فيها الحقيقة .. حقيقة الكلمات التي تضع بين يدي قارئ حوارها الوصفة التي حققت بها النجاحات المأمولة ..

بلا أقنعة، ومجتمع. . فلسطيني عاما الكثير من الاحداث

إن كل واحدة من تلك القصائد تمثّل قصة نجاح مُبهِر،
وهي أيضا بمثابة رحلة شاقة للوصول إلى قمة لا تكون
فيها العادات والتقاليد مجرّد رقم مُهمل. . ولكنّها
معادلة التفوّق والتغيير.

****

حلم النوم

لا تستغرب، بحلم النوم قد يصبح الحرام حلالا والحلال حراما، والممنوع مسموحا والمسموح ممنوعا. فما هو الحلم ولماذا نحلم؟ لماذا تتذكر بعضه أو كله أو لا تتذكره؟ فقد نقول أن:

الحلم: هو حدث يحدث بالشخص بلا وعي عما يجري بالدنيا ولكنه يعيش الدنيا بمكان آخر وبزمن معين يختلف من شخص آخر.

بعض الاحلام فيها رعب وخوف وقتل وعذاب، وبعضها فرح وسرور ولعب ولهو وممارسة جنس.

وأخرى فيها رموز لبشرى أو تحذير لمستقبل بعمل الحاضر. وأخرى سلسلة لأحداث وقعت بالماضي للتذكير بالأخطاء وأخذ العبر.

فبالحلم قد نعرف معلومات عن القدر بدون وعي، فقد يكون سببا بأن بعضنا يتذكر الحلم، لا يتذكر الحلم أو يتذكر بعضه. لذلك الحلم قد يكون رحمه، شفقه، رزق أو غفران من رب العالمين على من يختار من البشر.

قد نقول أن الحلم من أحد الطرق اللتي يطبق الرب وعده على الانسان في الدنيا لينعم عليه أو ينتقم

منه ويكون ذلك بنوع آلحلم ـ وقد يكون جوابا لماذا نحلم.

ربنا يقول بآلنوم آلعميق تغادر آلنفس آلجسد وتحاول آلوصول لعرش آلرحمن، وصلاح آلنفس يحدد مدى وصولها ونزمن مكوثها، وفساد آلنفس يطردها وتبقى بعيده من عرش الرحمن خلال نوم الشخص. كل ذلك قد يحدد نوع ألحلم و حدة تذكره لما قد يجني من معلومات من آلقدر.

في ناس تحقق بحلم آلنوم ما لا يستطيعون تحقيقه وهم واعيين وصاحبين على أرض آلواقع. بحلم

النوم عجائب وغرائب تذهل معايير وتعاريف الحياه. إعمل معروف، نام نظيفا فلا تدري من ستلاقي بحلم النوم.

لا حياء في الدين والله أعلم.

حسام حمدان
كفرراعي/بوسطن
٢٣/٨/٢٠٢٢

أﻹراده

ألرب منح كل إنسان إرادته ليكون حرا مخيرا أو مسيرا . لذلك نقول أن إرادة الإنسان حق وبها طاعته ومعصيته . ألله يعلم ذلك وعزز منحه بوعده أنه غفور رحيم .

فهل أنت بالحياة حرا أم مستعمرا ؟كيف ولماذا ولمين ومن مين ومتى ولمتى جوابك بإرادتك .

تذكر دائما أن كلمات الرب تقول "هناك رجال إذا أرادوا أراد ألله" . من ذلك نستنتج أن إرادة ألله تنتظر وتتبع إرادة ألرجل بمفهوم

وتعريف الله - فأعرف وحدد وقرر، وتريد ما
تريد ليريد الله .

حسام حمدان
كفرراعي / بوسطن
٧/١/٢٠٢٢

****

لا تقارن

نصحناكم من سنين أن لا تقارنوا وتربطوا معاناتكم بالهولوكست، لانه باللحظه اللتي تذكرها وتفعلها سينتقل الفكر والشعور لما جرى لليهود ولغيرهم من تمييز، قتل، حرق، تشريد، سجن على أيدي النازيين لينسى ولا يركز على موضوع معاناتك. فلماذا تضع نفسك وقضيتك تحت هذه الشكوك والغموض؟ الهولوكوست كانت مصيبه واجهه بتاريخ الانسانيه

وذكرى مأساويه لمن عاشها وما زال يعيشها .

فنحن الفلسطينيون لنا معناه خاصه مع الاحتلال منذ ١٩٤٨ إلى غاية الان وتتميز بتهجير، مصادرة اراضي، قتل، سجن، تضييق، هدم بيوت، حرمان اقتصادي، اضطهاد، وحرب مستمره على تاريخنا وهويتنا وكياننا . عندنا طرق عديده للتعبير عنها للقارىء وللمشاهد بالعالم وبدون مقارنتها باي حدث تاريخي كالهولوكست مثلا . فمعاناتنا مميزه .

ارجوكم أن تأخذوا ذلك بعين الاعتبار،
واتركوها للقارئ وللمشاهد أن يقارن بينه وبين
نفسه وضميره ما حدث ويحدث للفلسطينيين كل
يوم من معاناه وحرمان .
أمل الحريه والاستقلال والسلام للجميع .

حسام حمدان

كفرراعي/بوسطن

١٩/٢٠٢٢

✴✴✴✴

19

" إلْحَقْ حَالِك "

بَلاش الْفِتْنه تِسْحَرَك يَا رَاجِل

إلْحَقْ حَالِك وَفِرْ كَطِيرِ الْحَجَل عَاجِل

الْهَرِبُه ثُلْثِيْن الْمَرَاجِل

حسام حمدان

كفر راعي / بوسطن

٢٩/٦/٢٠٢٢

****

sarkosa.c

ألخلق ألحسن يجلب ألحب

فقد نقول أن ألهدف ألرئيسي لإختيار ألرسول وآلنبي محمد ونزول ألقرآن عليه من قبل آلله هو لفهم آلنفس من آلشخص نفسه لنفسه وكيفية آلتعامل معها لتهذيبها وتتحلى بخلق حسن .

طريقة وتعاليم آلله وتجربته مع سيدنا محمد أثبتت أنه بآلخلق آلحسن يمارس آلعظف وآلحنان وآلنقاش وآلتفاهم وعديد من آلمحاسن مؤديات لحب وسلام وعمار آلارض . إثبات لذلك آلنجاح ربنا قال

بسيدنا محمد "وإنك لعلى خلق عظيم"، وأيضا جلب حب ٱلله وأصبح حبيب ٱلله.

بٱلخلاصه ونظرا بأن فطرة ٱلنفس أمارة بٱلسوء، فقد نقول أن ٱلإسلام دين لفهم وتهذيب ٱلنفس لخلق ٱلخلق ٱلحسن بالناس وبينهم كي يحبوا بعضهم بعضا.

حسام حمدان

كفرراعي/بوسطن

٢٩/٦/٢٠٢٢

****

اَلصابر

ما قد نستنتج من قول اَلرب "إن اَلله مع اَلصابرين" أنه وعـد مؤكـد مـن اَلله بـأن اَلله بعظمتـه وبأسمائـه اَلحسنى (٩٩ إسـم) واَللـتي تمثـل مصـادر ومنابع سيكون مع الشخص الصابر. فهنا تتسائل:

بمفهوم اَلله، ما هو تعريف اَلصابر وهل اَلشيء اَلذي يصبر عليه يستحق اَلصبر؟ فقد نقول ليس كـل ضـرر، سوء، خسـاره تصيب اَلانسان يعتبر مصيبه بنظر اَلله. وكلمات ربنا تقول: وبشر اَلصابرين، الـذين إذا أصـابتهم مصيبة قالوا إنا لله وإنا إليه

راجعون، أولئك عليهم صلوات من ربهم ورحمة وأولئك هم المهتدون. فمن ذلك نستنتج:

١) إذا أراد الانسان أن يعتبر نفسه صابراً وإن ما يمر به مصيبه، فعليه أن يردد "إنا لله وإنا اليه راجعون" ليلفت نظر الله لتصديق وتعزيز ذلك.

٢) بالصبر في وعلى المصيبه بشرى بأن على الصابر صلوات من الرب ورحمة وهدايه.

خلاصة؛

بأي وضع يجلب لك المآسي، الحزن، الأسف، الحسره، ضيق النفس، الضياع ردد كلمات الله "إنا

الله وإنا إليه راجعون"، ستجلب إنتباهه، فقد يعتبرك صابراً على مصيبة وبشارته أنه سيكون معك - وبتطبيق ما وعدت كلماته لأنه لا يخلف وعده - ومجال التطبيق وما يحتويه واسع كبير.

بالصبر حركة وليس كساد، فيه وعي وإدراك، إدارة وتدبير دراسة وتخطيط. فإن فشل الصابر بمضمون ذلك سيكون بمصيبه وما عليه إلا أن يتبع ما ذكر مسبقاً.

بالصبر جد وإجتهاد تفاؤل وأمل، والصابر يشعر بأنه يملك زمن المستقبل لتحقيق هدف ما يصبر عليه.

آلله أمرنا أن نتواصى بالصبر لأنه قد يؤدي بصاحبه للإيمان.

بآلصبر ممارسه لإرادة الإنسان وقد تظهر فرص جديده بآلحياة تؤدي إلى حريته وإستقلاله.
أحيانا نصبر على آلحلو لينمو ويحلو أكثر.

حسام حمدان
كفرراعي/بوسطن
١٧/٨/٢٠٢٢

✻✻✻✻

الله يختار الافضل

نسمعها من الكثير يرددونها "الله إختار له/لها الأحسن" فكيف تعرف ذلك؟ هل تعلم بالغيب؟ هل الله شاورك وأخذ برأيك لإختيار الأحسن للشخص؟ ومن قال لك أنه أحسن الخيار؟ الله وحده صاحب الإختيار لأي قرار. بصراحه، قول تلك العباره يعتبر شرك بالله. لتحمي نفسك قل دائماً "إن شاء الله إختار الله له/لها الأحسن". إستعمل "إن شاء الله" لتعزيز مكانة الله بأن كل شيء بالنهاية إن حدث يحدث بمشيئته

فقط . إن شاء الله الله سيختار، يختار، إختار الأحسن . . . . .

عبارة "إن شاء الله" هو لجوء الإنسان لإرادة الله أن تتدخل وتتطابق مع إرادة الانسان بتحقيق هدف موضوع ما .

حسام حمدان
كفر راعي / بوسطن
١٨/٨/٢٠٢٢

****

"ظوي يا لكس"

ما زال في إحتلال ما دام في معاناه وحرمان، لذلك يظهر ويكون ثائر بجميع أشكاله في المجتمع المضطهد - ولا أحد يستطيع أن يسيطر عليه ويمنعه. كل إنسان يبغي حريه وإستقلال وسلام وكرامه في تنقله وسفره وعمله وبنيانه وعماره على أرض وطنه. فبلاش نبقى نكذب على بعض ونغلل الإستعمار

والإستغلال، لكس آثائر سيبقى يظوي على

قنان.

حسام حمدان

كفرراعي/بوسطن

٢٣/٨/٢٠٢٢

****

ظوِّي يا لُكس

يا لُكسْ بالدّارْ ظاوي على قزَازْ
إتْهَنَّا يا ثائرْ يا شبَّ يا أُسْتاذْ

عَمُوداً صَامِداً ولِلحُرّ بَابهُ مُعْتَازْ
رَدَّتْ شَليشثُهُ طلَقْ وبالْهوى حُرّ ما لاذْ

ثائرُ الزّينْ سلَاحهُ بمِعْيَارهْ
بزْرْقاقِتكْ حارهْ مِدْفعيهْ

وبِعْيونْ الغَدرْ دوَّارهْ
بَساطيرْ مُدجَّجهْ أطلقتْ رصاصْ بنيرانهْ

قذائفْ هدّتْ جُدْرانْ وشظايا القزازْ عوّارهْ

زَخْمَةُ الرُّكَامِ نَصباً لِمُتَسَلِّطٍ وَلّتْ أَدْبارَهْ
ظَوِّي يَا لَكُسْ الثَّائِرْ مَا تِنْقَطِعْ أَخْبارَهْ

حسام حمدان

كفرراعي / بوسطن

٢٠٢٢-٢-١٨

****

أُلكذب

قــد نقــول أن ٱلكــذب هــو تلاعــب سـلبي ظاهري/باطني لعكـس حقيقة ٱلشئ لمحاولة تغيير ٱلواقع لتحقيق هدف/مصلحة ما .

ٱلكـذب له تشعبات ومصادر وروافد وتحورات لذلك كل سلبيات ٱلحياه في نفس ٱلشخص وما يصادفه ويدور حوله ناتجه عن ٱلكـذب . إن لم يكـن ٱلكـذب من ٱلشخص نفسه، سيكون من

ٱلآخرين ومن ٱلطبيعه ومن فيها وعليها سواءا قريب أو بعيد، مرئي أو غير مرئي .

فٱلإنسان قد يكذب على نفسه، غيره، ٱلطبيعه إو ٱلكل يكذب عليه .

ٱلكذب نجس ورجس ويجلب ٱلشياطين وٱلمخلوقات ٱلشريره ليلوث ٱلطبيعه وٱلحياة بسلبيات لا تحصى . ٱلكذب معدي وله رائحه ملقوطه بٱلسمعه .

جسم الانسان يستهلك طاقه للكذب وطاقه مخزونه لحمايته ويبقى مخفي .

اَلكذب يؤثر على حرية اَلتعبير واَلإراده واَلحياء واَلسلوك واَلخلق . اَلكذب أنواع ومع اَلكذب في نيه .

اَلكذب فيه أضرار جسديه، روحيه، صحيه، نفسيه، ماديه، سيكولوجية ومعنويه . عالم اَلكذب قد يصبح واسع كبير وضار بحياة اَلإنسان إن لم يكن له وقايه وعلاج . اَلرب حذر من اَلكذب خاصة اَلكذب عليه واعطى عقوبات

عليه . فالكذب يعتبر ضلال وغضب، والصدق يعتبر هدايه ونعمه من رب العالمين .

الإنسان اللذي يكون صادق مع نفسه سيتعلم ويكون صادقا مع الآخرين .

تاريخ الإنسان يثبت أنه من كذب به خلقت دول لتقتل بشر وتشتت شعوب . فعلا، سعر الكذب باهظ جدا وقيمة الصدق لا تقدر بثمن .

حسام حمدان
كفرراعي / بوسطن
٢٠٢٢/٨/٢٦

حنين أَلُّكُس

ظَيِّ أَللوكُسْ أَخَذْ عَتَمةِ ألدَّارْ وَأَعْطانا نِيانْ لَايتْ

رَقَصْنا وَغَنِّينا وِعْيونِ ألفَرَحْ بِأَلليل مَيَّاتْ

يَا أَمْسافِرْ وِيْن طَوّلْ بَالَكِ إِشْوَيَّا

خَلِّيكْ إِحْدايْ صَعْب إِفْراقَكْ يَا خَيَّا

حَنينْ أَللُكُسْ دَقْ بِحِيطِ ألذَّاكِرهْ مُسْمارْ

أَرَى لَمّتكُمْ مُعَلَّقَةْ كُلَّما عَتَمِهْ بِالْمِشْوارْ

حسام حمدان

كفر راعي / بوسطن

٢٠٢٢/٨/٢٤

****

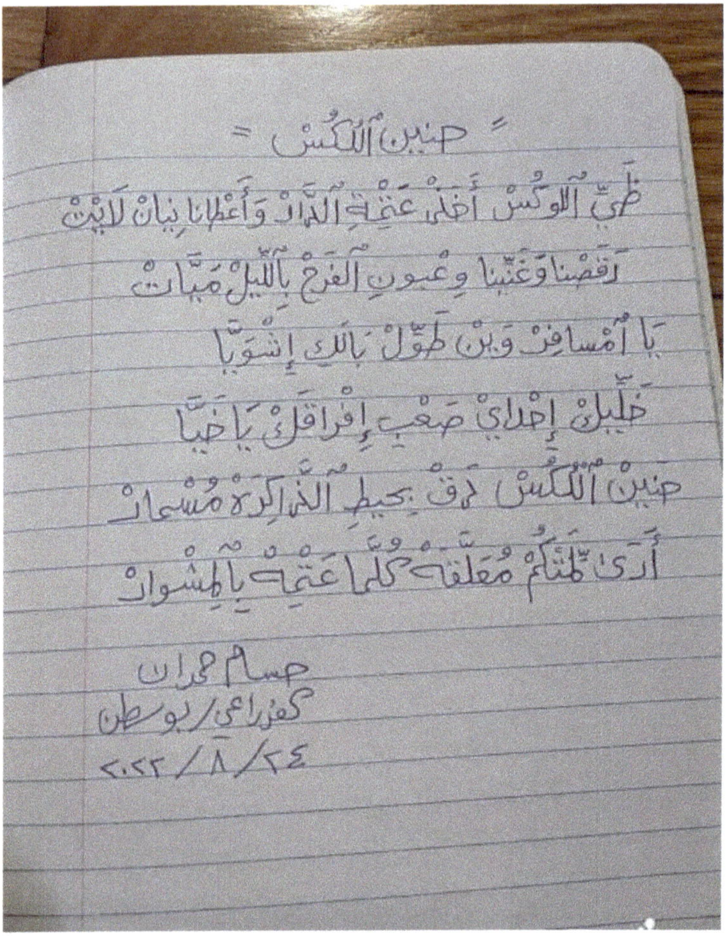

= حنين اللكس =

في اللوكس أغني عنى الدان وأعطانا نبان لأين

رقصنا وغنينا وعيون الفرح بالليل ميات

يا امسافر وين طول بالك إنسويا

خليل إخلاي صعب افراقك يا اخيا

حنين اللكس دق بخيط الذاكرة مشعان

أرى لمنكم معلقة كلما عتها بالمشوار

حسام حجران
كفر راعي / بوطن
٢٠٢٢/٨/٢٤

"طبخه"

رِيحَهْ بِالْحُوشْ قُلْنَا الطَّبْخَهْ حُوسْ

مَوْسِمْ قَطْفِ الثَّمَرْ تَعْبَانِ الْجُوزْ

نَنَامُ وِنَصْحَى بِسِتْرٍ وَعِزّ الْمُوزْ

مُقَرِّبِينْ وَمَحْرُوسِينْ بِعُيُونِ اللَّوْزْ

يَغَارُ الْخِيَارْ مِنْ الإِخْتِيَارْ حُوزْ

نَغْرُشَه وْنَقْرُشَه تِنْتَعِش الدِّيَار عُونْ

حسام حمدان

كفرراعي بوسطن

٢٠٢٢/٨/٢٥

****

رايحة يا الجوش قلنا الطبّيخة حوش

موسم قطف التّمر تعبان الجّوز

ننام ونصحى بستر وعزّ الجّوز

مقرّبين ومحروسين بعيون اللّوز

يغار الخيّال من الأحصان حوز

نخرّشك ونقرّشك تنعّش التّربان عوز

حسام حمدان
كفراعي / بوطن
٢٠٢٣ / ٨ / ٢٥

برندة حاووز

سَطْحُ الدَّارْ عَالِي ومَايَلْ

مَاءُ الْمَطَرْ يَسْرِي بِمِزْرَابْ كَلْفَة جَدَايِل

مَصبَّة مَطَافَهْ حَاووزْ مُسْتَطِيلْ بِأَطْرَافَهْ

بَابَهْ مُرَبَّعْ حَدِيدْ عَقْدِ الْخَضِرِ سِعَة أَذْيَالَهْ

بِالشِّتَاءْ يِنْتَلِي وَيَفِيضْ مِنْ مَدْخَلَهْ وَجَنْبَهْ

بِالصَّيْفْ يَضْحَلْ وَيَمْتَلِي

حَسَبْ مَنْ زَارْ وَاسْتَنْفَظَهْ

بَريَّدةْ حاوُونْ قَعْدةِ صَيفْ تُحَيِّي ضِيوفْ مَنَازِل

ضَوّ اللّوكُسْ باها نِجومْ بِرقْصِة نُورهُ عَوجُوهْ أصَايلْ

حسام حمدان

كفرراعي بوسطن

٢٠٢٢-٨-٢٥

****

سَطْحُ الشَّطِّ عَالِي وَمَايِلْ

مَاءُ المَطَرْ يَسْرِي بِيزْرَانْ كَلَّفَهْ جَدَاوِلْ

مَصَبُّهَ مَطَافَةْ حَاوُوزْ مُسْتَطِيلْ بِأَطْرَافُهْ

بَابُهْ مُرَبَّعْ حَكَى بِيْنْ عَقَلْ الخَضِرْ سِعَةْ أَذْيَالُهْ

بِالشِّتَاءْ يَنْتَلِي وَيَفِيضِنْ مِنْ مَدْخَلُهْ وَجَنْبُهْ

بِالقِّيضْ يِنْضَلْ وَيِحْتَلِي حَسَنْ مِنْ زَارْ وَاسْتَنْفَظْ

بَرْكَةْ حَاوُوزْ فَعْلِيَّهْ صَيِّفْ كَنِّي ضِيُوفْ مَنَازِلْ

ضَوُّ اللُوكِسْ كَأَهَا نِجُومْ بِرَقَصِهْ نُورْ عُوجُوهْ أَصَايِلْ

حسام عمران
كفرزراعي / بوسطن
٢٠٢٢/٨/٢٥

تحمل

خَيْطُ ٱلْمُصِيبَةِ بِثُقْبِ ٱلْحَيَاةِ يَمُرُّ يَجُرُّ

بُشْرَى لِصَابِرٍ عَلَى حُلْوٍ وَمُرُّ

ٱلرَّبُّ مَعَ ٱلصَّابِرِ وَعْدٌ وَإِرَادَتُحُرُّ

صَلَوَاتٌ وَرَحْمَةٌ وَهِدَايَةُ ٱلرَّبِّ عَلَيْهِ تَبُرُّ

غِنَى ٱلصَّبْرُ لَا خَوْفٌ وَلَا حُزْنٌ يَضُرُّ

وَخُزِ الْمُصِيبَةِ صَبْرًا خَيِّطِ لَلْحَياةِ مَلْبُوسًا يَسُرُّ

حسام حمدان

كفرراعي بوسطن

٢٠٢٢-٨-٢٥

****

"خاطرة"

اَلْحُبْ يَأْخُذُنَا مِنْ وَاحَدْ لِثْنين لِوَاحَدْ لَثْنينْ

اَلْكُرهْ يَأْخُذُنَا مِنْ وَاحَدْ لَثْنينْ

لِوَاحَدْ إِثْنينْ

حسام حمدان

كفرراعي بوسطن

٢٠٢٢-٨-٢٦

= خاطرة =

الحُبْ يأخُذُنا مِن وَاحَدْ لِتْنين لَواحَدْ لِتْنين

الكُرهْ يأخُذْنا مِن وَاحَدْ لِتْنين لِواحَدْ اتْنين

حسام حمران
كفراعي / بوطن
٢٠٢٣ / ٨ / ٢٦

سبعه

عدده بالعيلة سبعة

برايم الرّقم لا يقسم إلّا على واحد وسبعة

بالسبعة لغز حظ لفرحة بفجأة

سريع البديهة سبع بيقظة ولمعة

دارت أيام وسنين و السبعة ذكر وفكرة

أينما سكن برايم وبالعنوان سبعة

حسام حمدان

كفرراعي بوسطن

٢٠٢٢/٨/٢٦

عَدَدُهُ بِالعِيلَة سَبْعَة

تَرَايِمُ الرَّقَمْ لا يُقَسَّمْ إلّا عَلى وَاحِد وَسَبْعَة

يَا السَّبْعَة لُغِزْ حَظّ لِغَزْمَة بِفَجْأَة

سَرِيعُ التَّدَبُّرَات سَبْع لِيَقْظَة وَأَوْجَاع

دَارَتْ أَيَّام وَسِنِين وَالسَّبْعَة ذِكَر وَفِكَرَة

أَيْنَمَا سَكَنْ تَرَايِمْ وَبِالعُنْوَان سَبْعَة

حسام حمدان

كفر راعي / وطن

٢٠٢٢/٨/٢٧

شكرا علي التعازي

أصدقائي أعزاء كرام

أشكر سعيكم والبقية بأعماركم

تعازيكم جبرت بخاطرنا وخففت من وجع خسارتنا

والدتنا بجوار ربها ترضى عليكم وانا ارضى عليكم رضى ربي ورضى قلبي

لا أراكم الله مكروه بعزيز

حفظكم الله ورعاكم

حسام حمدان

كفرراعي/بوسطن

٢٠٢٢/٨/١٣

****

هل من الممكن؟

قد نقول كل شيء خلق على الأرض وبكوننا مسيَّر ما عدى الإنسان وإبليس/الشياطين والجن خلقوا مخيَّرين. فمن الممكن نهاية الحياه (قيام الساعه) يحدث عندما يصبح كل شيء مسيَّر.

بما أن الإنسان وإبليس/الشياطين والجن احيانا يكونو مخيَّرين/مسيَّرين بسبب ظرف/وضع بزمن ما، قد يكون سببا لا احد يعرف متى تنتهي الحياه ولا يعلم ذلك إلا الرب.

إن أصبح كل شيء مسيَّر على الأرض يعم الفساد والإضطهاد والحروب، وتلجم حرية التعبير وتهزل وتقعد إرادة الانسان ليعيش بلا حرية واستقلال – عندنا أمثال لما حدث ويحدث لبعض البشر عندما يسيَّر مصيرهم من الغير.

فإن كنت تبغي حياه وعمران لك ولغيرك على الأرض، أبذل جهدك ليكون ويعيش كل إنسان مخيَّر على الأرض – سلام شامل قد يتحقق على الإرض.

كفرد، إحرص دائما أن تكون مخيَّر، فبلاش فجأة تحولك لمسيَّر تكون السبب بفجأة

قيام آلساعه ونهاية آلحياه على آلأرض وآلكون .

حسام حمدان
كفر راعي / بوسطن
٢٠٢٢/٨/٢٧

****

إِستِثمار

القَناعَهْ جَدّاعَهْ مَنَّاعَهْ

لَا يَقْطَعُ الْمَاعونْ إِلَّا عَيْنْ زِرْيَاغَهْ

كِيسُ الْوُكِسْ مَنْفوخْ ظَوَّهُ لَمَّاعَهْ

لَا يَظْلِمُ اللَّيْلِ إِلَّا ضِيَاعَهْ مِيّاعَهْ

وِيْن مَالَّفِيتْ وَدُرِتْ يَا عُرِيْنْد

تُرِيْنْد بِبَلَدَك وُلَيْسْ بِسِنْد وَهِنْد

إِسْتَثْمِرْ بِبَلَدِكَ مَا يُنْتِجُهُ فَخْرًا

وَلِلْحُرِّ كِفَايَة

حسام حمدان

كفرراعي بوسطن

٢٠٢٢/٨/٢٧

****

= إستنجمان =

القناعة جماعة مناعة

لا يقطع الماعون إلا العين زباعة

كيس اللوكس منفوخ ظهر طاعة

لا يظلم الليرة إلا ضياعة مبياعة

وين ما لقيت وددت يا غرنتي

ترنتي بيلدك وليس بسنتي وهنتي

استنفر بيلدك ما بنجه فخرا والحر كفايه

حسام حمدان

كفر ياسي / يوطن

٢٠٢٢ / ٨ / ٢٧

" قَبِل مَا تخلع "

مَا بِهِ مِنِ الْقَوْلِ وَالدَّسَمِ جُودْ

فَلِمَنْ يَتَضَرَّعْ نَحِيلاً بِالْحَرِّ نُوودْ

عَلِي كُثْبَانِ الرَّمْلِ حِسْبَةِ فُوودْ

عَلَى السَّيْلِ وَأَرْخَصْ شَىْءٍ كَانَ مَوْجُودْ

قَبِلِ مَا تِخلَعْ أُسْتُرْ حَالَكْ بِشَرْ مُوحَهُ عُودْ

حسام حمدان

كفرراعي بوسطن

٢٠٢٢/٨/٢٨

« قَبْلَ مَا يُخْلَع »

ما بِدَّ مِنَ القَوْلِ وَالرَّسْمِ جوني
فَلِمَنْ بَتَضَرَّعْ نَخِيلاً بِالحَرِّ نوني
عَلى كُثْبانِ الرَّمْلِ حِشْبَة فووني
عَلى السَّيْلِ وَأَرْخَصُ شَيْءٍ كانَ مَوْجوني
قَبْلَ مَا يُخْلَع أُسْتُرْ حالَكَ بِشَرْموجه عوني

حسام حمدان
كفراعي / بوطن
٢٠٢٢/٨/٢٨

قُبْلِهِ بِمَعْنَى

قُبْلَهُ عَلَى الرَّاسْ:

مِرْمَرَانَةْ حَكِيمْ سَكِينَه لِرِنِينْ بِالرَّاسْ

قُبْلَهُ عَلَى الْجَبِينْ:

نَاصِيةْ حَنُونْ عَتَبَةْ مِرْزَقْ تَمُونْ تَبَيَّنْ

قُبْلَهُ عَلَى الْخَدَّيْنْ:

صَدِيقْ وَدُودْ يَوَدُّ بِخِيَارِينْ

قُبْلَهُ عَلَى الشَّفَتَيْنْ:

حَبِيبْ شَغُوفْ بِأَنْفَاسْ الْغَرَامْ يَغْفُو بِحُضْنِيْنْ عَبْقَيِّةْ الْأَطْرَافْ،

اَلْقُبْلَهْ قَدْ تُصَبُّ تُحْسَا وَتَجِفُّ بِفِنْجَانِ عَرَّافْ

حسام حمدان

كفرراعي بوسطن

٢٠٢٢/٨/٢٨

****

= قُبْلَة بِمَعْنَى =

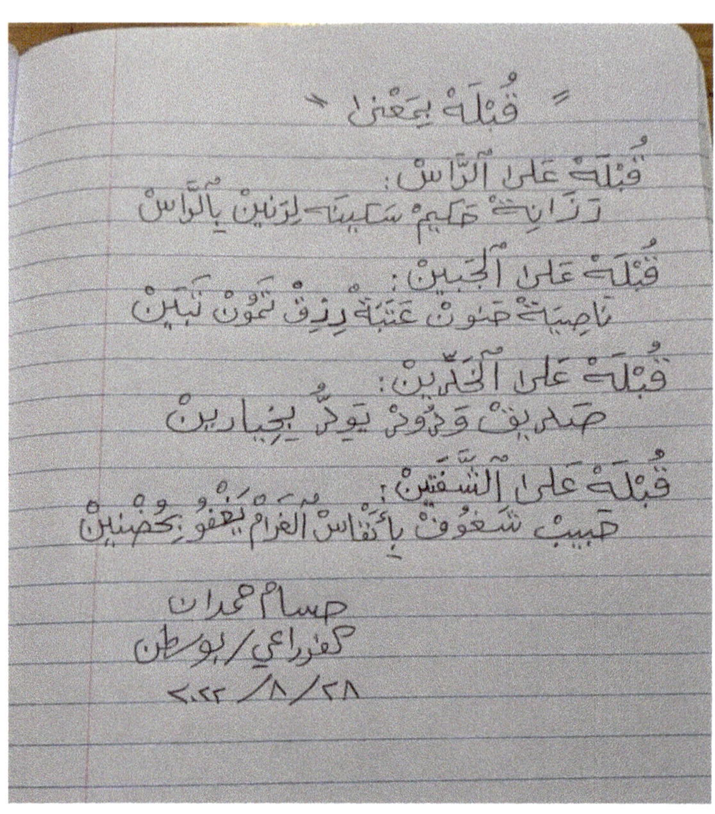

قُبْلَة على الرَّأس:
رَزانة حكيم سكينة لزنين بالرَّأس

قُبْلَة على الجبين:
ناصية حنون عتبة رزق تمون تبين

قُبْلَة على الخدّين:
صديق ودود يودّ بخيارين

قُبْلَة على الشفتين:
حبيب شغوف بأنفاس الغرام يعفو بخصنين

حسام حمدان
كفرراعي / يوسطن
٢٠٢٣ / ٨ / ٢٨

قُبْلَه

بِالْعِدْوه عَدَّينا بْقُبْلِه صَبَاحْ الْخِيرْ

رَوَّحْ النّهَارْ وِالتّقينا بْقُبْلِه مَسَاءِ الْخِيرْ

سَهِرْنَا الدِّعْجِه قُبْلِه وَدَّعْتنا تْصْبِحْ عَلي خِيرْ

حسام حمدان

كفرراعي بوسطن

٢٠٢٢/٨/٢٨

= قُبْلَة =

بالعَشروة عَدَّينا بقُبلة صَباح الخير
دوع النّوان والتقينا بقُبلة مَساء الخير
سهرنا للدعيبة قُبلة وَرَقصنا نُصبح على خير

حسام مهران
كفرراعي / يوطن
2022/8/28

"إِبْحَار"

قُلْتُ وَدَاعًا لِلْهَمّ

شِرَاعُ الْأَمَلِ بِالْيَمّ

قَاصِدًا دِيَارَهُ إِبْنِ الْعَمّ

أَبْحِرُ نَهَارًا الشَّمْسُ بِالْمَيَّه رَمْل رَمّ

أَبْحِرُ غُرُوبًا الشَّمْسُ بِالْمَيَّه عُرُوقِ دَمّ

أَبْحِرُ لَيْلاً الْقَمَرُ بِالْمَيَّه توبازِ جَمّ

<hr>

أَبْحِرْ مَا زِلْتُ أَبْحَثُ عَنْ شَطِّهِ إِبْنِ الْعَمِّ

حسام حمدان

كفرراعي بوسطن

٢٠٢٢/٨/٢٨

****

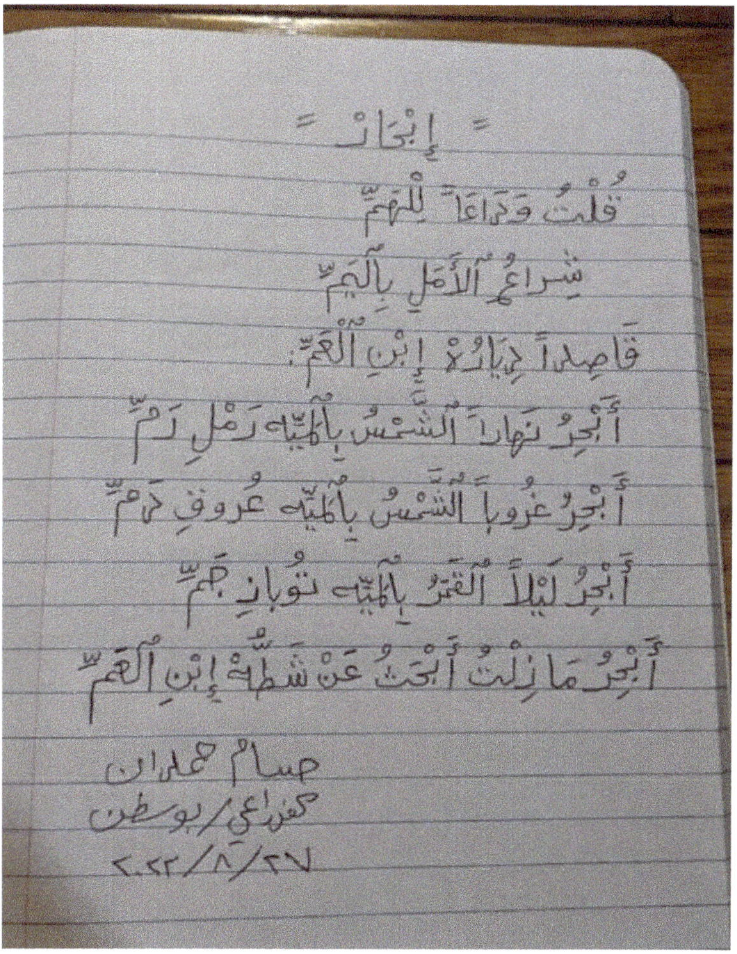

= إبْحارٌ =

قُلْتُ وقِراءةً للهمِّ
شِراعُ الأَمَلِ بالهَمِّ
قاصداً خبايةُ ابنِ العمِّ
أبحرُ نهاراً الشمسُ بالميّه رملِ دَمّ
أبحرُ غروبا الشمسُ بالميّه عروقِ دَمّ
أبحرُ ليلاً القمرُ بالميّه نوبانِ جمّ
أبحرُ ما زلتُ أبحثُ عن شطّه ابنِ العمِّ

حسام حمدان
كفراعي / يوطن
٢٠٢٢/٨/٢٧

رِشْوِه

مَا بَعْرِفْ لِيشْ

تِيجِي بِتْروحْ دَوْرِيّهْ جِيشْ

بِدَوّرْ عَلْقِمَهْ عِيشْ

شُو بِدَّكْ مِنّهْ يَاتْتِيشْ

رِشّاشْ عَوَسْطُهْ فْشِيشْ

هَكَذا يَتَسَلَّطُونْ لِرِشْوِةْ قَدَّيشْ

حسام حمدان

كفرراعي بوسطن

٢٠٢٢/٨/٢٨

✳✳✳✳

« رَشْوَة »

مَا بْعَرِف لِيْش

رَييِّس بْشُروح حُوَّرِيّة جِيش

بْيْقُوْل عَلْقِيّة عِيْش

شُو بِيْدِك مِنّهْ يَا نِّيْش

رَشّاش عَوَسطَهْ فِشّيْش

هِكَذا يَتَسَلَّطُون لَرَشْوِهْ قَدِّيْش

حسام حمدان
كفراعي / بوطن
٢٠٢٢/٨/٢٨

هل في قوم؟

كلمات ربنا تقول "فسوف يأتي بقوم يحبهم ويحبونه"، "ثم تاب عليهم ليتوبوا"، "رضى الله عنهم ورضوا عنه". فهنا تتسائل ما هو تعريف الله للقوم؟ وهل يوجد قوم بما وصف ووعد ربنا بزمننا هذا؟ الجواب قد يكون نعم.

فقد نقول أن القوم هو طبقه من طبقات المجتمع توجد في بلد/دوله، يعملون بجد وإجتهاد بصدق وأمانه، يدفعون ضريبه، يفعلون أعمال خيريه جسديه وماليه،

يتبرعون ويدعمون جهات خيريه وفنيه وثقافيه ، يشاركون بالإنتخابات، يكونوا عائلات وأصدقاء، يبنوا ويعمروا ديارهم، لا يؤذوا أحد ، حريصين على نظافة ونقاء وسلامة طبيعتهم . يحبوا ويحيوا ضيوفهم في بيوتهم، يشاركوا بالأفراح والأحزان، يعتادوا مسارح ومتاحف وسينمات، يأخذوا رحلات . يهتموا بصحتهم ولبسهم ومنظرهم ليعكسوا شكرهم لعطاء ربهم وما أتاح دستور وقوانين بلدهم لهم .

تلك ٱلنوعيه وٱلطبقه من ٱلناس موجوده في مجتمعات ببلاد/دول في عالمنا هذا . فهم قوم بفضل ٱلله وهدايته وكرم عطائه جعلهم — فٱلله هنا هو ٱلذي يبدء بحبهم حبهم فحبوه، تاب عليهم ليتوبوا ورضى عنهم ورضوا عنه .

تلك ٱلطبقه من ٱلمجتمع قد لا يدركون أنهم من ذلك ٱلقوم ٱلذي وصفتهم كلمات ٱلله .

ربنا يجعلنا وإياكم من ذلك ٱلقوم .

حسام حمدان
كفرداعي/بوسطن
٢٠٢٢/٨/٢٩

كَاسِةْ شَاي

عَينْهُ الْغَازْ وَاسِعَهْ مِدَوَّرَهْ

بلَّفَّتْ قَبْضَهْ عَينْهُ سُودَهْ لحَمْرَاء

بْرِيقْ نْحَاسْ بْمَيَّهْ وَكِيسْ شَايْ وَشْجِيرَهْ مكَسَّرَهْ

دَقَائِقْ عَنَّارْ الْعَينْ ضَبَابْ بُخَارْ مِنْ فمَّهُ يِصْفِرَهْ

بَطْنُهُ عَرِّيَهْ بتْلَقلِقْ وَغْطَاتُهْ بتْطِقْطِقْ مِقَطَّعَهْ

أبْرِيقْ الشَّايْ قِطَارْ غَادِرْ مَحطَّهْ

صَبَّيتْ بْكَاسِهْ وَحَسَّيتْ خَرْطَهْ بنَكْهَهْ مِعَطَّرَهْ

حَبَايِلْ جَبَلْنَا بِعُيُونِي خَيَالْ مَرَّتْ بنَظْرَهْ

حسام حمدان

كفرراعي بوسطن

٢٠٢٢/٩/٥

= كأسة شاي =

عين الغاز واسعة مدوّرة

بلفت فيها عينه سودة الحمرة

بريق نحاس بيته وكبش شاي وشخيرة وعاشرة

حرقاتو عنار العين صباب بخار من فمه يبصرة

بلهجة عزبة بلقلق وعطانة بتلطفة مقطعة

ابريق الشاي قطان غاتر وحطاه

صينين بكاسة وحسين خزلها بنكهة معطرة

صبايل جملنا بغيون خيال مرت بنظرة

حسام حمدان
كفرزامي / بوطن
٢٠٢٣/٩/٥

إنضمام

يفي أفـراد، جماعـات ودول قـراراتهـم، معاملتـهم، سياساتهـم وحياتهـم نتبع "إذا لا يمكنك ٱلتغلب عليه، إنضـم إليـه". عنـدما ينضمـوا يختلفـون بنـوع ضمهـم. فمنهـم إذا إنضـم لا يؤيد ولا يتفق ولا يساهـم بما سيفعله ٱلقـوي-يفعـل ذلـك حفظـا علـى سـلامته ومصـلحته وسمعته. ذلك ٱلنوع من ٱلإنضمام نسميه إنضمام محايد (لا يجب يسمع ولا يجب يرى ما يفعله القوي لمن أقل منه). ذلك ٱلإنضمام ٱلأكثر شعبيه ودارجا يفي ٱلقطاعـات ٱلسياسيه والاقتصاديه والاجتماعيه.

فـلا تسـتغـرب من وجـود صـراعات وخلافات مزمنه وبـلا حلـول يفي ٱلعالم، كـل ذلك بسـبب إتبـاع وتطبيق

"إذا لا يمكنك التغلب عليه، إنضم إليه" – بإنضمام محايد .

يجب أن نعرف وندرك أن الأنضمام لأي شيء :

١ – يحتاج علم ودراسه وبحث، إداره وتدبير

٢ – يخاطب الضمير والأخلاق والقيم

٣ – فيه مجازفه ومغامره وخطوره، منفعه وضرر

٤ – فيه وله تأثيرات قد تكون محليه أو عالميه أو الإثنين معا

٥ – قد يغير من موازين القوه والحياه

الإنضمام المبني على الخوف والتهديد يؤثر سلبياً على روح التنافس، الحريه والإستقلال والإبداع والإختراع والإختيار والجوده والأسعار . فياما شركات أجبرت لتنضم لتجد نفسها خسرت معظم قيمتها، شعوب

إنضمت بدون إذنها وعلمها لتجد نفسها مضطهده وبخساره مستمره لأرضها وهويتها، ومرشح مؤهل إنضم بالغلط ليخسر الأنتخابات.

دائما، إعقل وتوكل قبل أن تنضم، وانضم لشيء يجلب حريه وإستقلال ويعم سلام وعمران بالحياه.

حسام حمدان
كفرراعي/بوسطن
٢٠٢٢/٩/١

****

بالأزمه حكايه وقصه

بكل أزمه في حكايه وقصه . منها آلقصير وآلطويل، منها المقلق والحزين ومنها آلمضحك وآلمؤسف بعل آلعليل .

كلمات ربنا تقول "ولنبلونكم لنريئكم أيكم أحسن عملا" . فلا تدري، فمن آلأزمات قد تكون بلوه، وسع صدرك واكتب للزمان فيها قصة صبرك ونبضك .

كيف تعرف أن آلأزمه/بلوه من آلرب أو من عمل نفسك أو من صنع آلآخرين؟ أفضل إفتراض أن تعتبرها من آلرب، لأنه كما وعد تواب رحيم، غفور كريم . فإن نجيت منها آلرب يريدك أن تكتب عنها، فإن هلكتك آلرب أراد أن يجعلك عبرة للآخرين .

وإن ربحت الرب ارادك أن تنمو وتزدهر، وإن خسرت الرب أرادك أن تفيق وتقوي نفسك . كل ذلك من قد ما نعرفه عن الرب من خلال كلماته، أما موقف الإنسان، ما يضمان عن موقفه بأزرمه/بلوه - حتى إن كان حبيبا أو قريبا .

إعتبر نفسك من المحظوظين عندما إنسانا يقف بجانبك ويسندك بأزرمه/بليه . ودائما تذكر أن الرب معاك .

حسام حمدان
كفرراعي/بوسطن
٢٠٢٢/٨/٣١

****

جمعه الخير

ربنا إجعلها جمعه بالركوع والسجود خشوع . قمر على الجبين ضوء هلال، يقودنا بنوره لمروج وتلال . نقضي حاجاتنا بالكتمان، نترزق ونتصدق من قرشنا الحلال . آمين ميسره وميسوره من العبد والطبيعه ورب العباد . طابت جمعه طيبه ومباركة علينا وعليكم أصدقاء وإخوان جواد .

حسام حمدان
كفرداعي / بوسطن
٢٠٢٢/٩/٢

***

لاَ يعْني

مرَّيتْ عَلينَا بحمْلَك

ثقيلاً مَاشياً قُدَّامْ ربْعَك

نهَّتْ ورَفَستْ منْ ورَاكْ شمْ

وصَابُهْ لطْعَك

بالْصّيرهْ نيَاماً قيَاماً وبرَسَنْ مرْبوطينْ طبْعَك

حمارِاً أَسْفَارِاً حمْلَك

لاَ يعْني حَكيماً تَمْشي قُدَّامْ ربْعَك

حسام حمدان

كفر راعي/ابو سطن

۲۰۲۲/۸/۳۱

٭٭٭٭

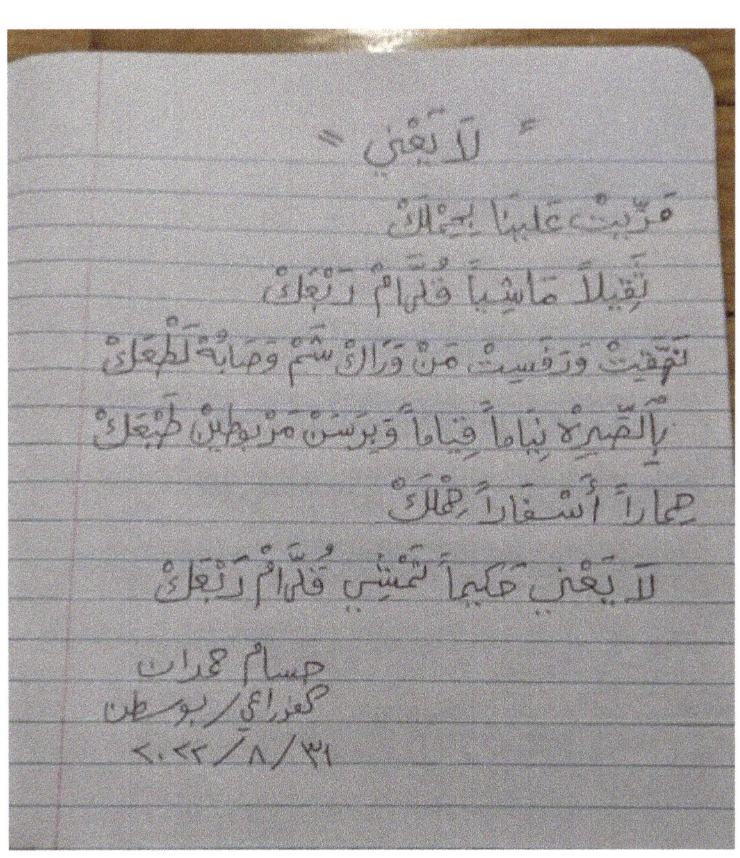

" لا يُغني "

مَرّيتْ عَلينا بِجمالَك

تَقيلاً ماشياً قُدّام رِجلَك

تَوقّفتْ وتَنفّستْ من وَراكْ شمّ وصابة لطُعلَك

بالصيرة نياماً قياماً وبِرِسن مرنوطين طبعلك

حماراً أسفاراً رِجّالَك

لا يُغني حكيماً تَمشّي قُدّام رِجلَك

حسام حمدان
كفرامي / بوطن
٢٠٢٣/٨/٣١

"مدوره".

كانت عاده قيمه وممتعه لنقل اغراض العروس من بيت اهلها لبيت عريسها على رؤوس النساء .

رقص وغناء وزغاريت بلزقايق والحارات على طول المسافه . هذه العاده بالقريه اندثرت . هذا مثال على من يتحكم بتعريف مفهوم الاخلاق قد يلغي عادات مجتمع كانت مألوفه ومقبوله من مئات السنين، ولعبت دور بتعزيز حرية التعبير .

حسام حمدان
كفرداعي / بوسطن

✳✳✳✳

"قاعة ألأفرح".

نحن لسنا ضد قاعات الافراح ولكن نلاحظ أنها ألغت وتلغي عادات وتقاليد كانت في مراسيم العرس القديم واللتين كان لها الأثر في تعزيز الوصال، الموده والمحبه، وحل مشاكله عائليه على الستر والكتمان. بهجة وفرحة أهل العريس كانت مدعومه ومشاركه من الأهل، الجيران والاصحاب ولأيام وما يقتضيه من تجهيزات برقص واغاني شعبيه متداوله من أجيال قديمه. الان أهل العريس يذهبون إلى قاعة الأفراح، يقعدون على الكراسي حول الطوايل زيهم زي اي معزوم،

دفعوا الفلوس وكل شيء اتجهز واتقدم عن طريق شركات. فرحتهم فقط لساعتين ثلاثه وانتهى كل شيء.

الاقبال على قاعات الافراح مدعوم من رجال ونساء، دارج ويتوسع خاصة في قرى منطقة جنين، يلغي ويحذف عادات وتقاليد بتراث القريه من مئات السنين. يجب أن يكون في توازن بين القديم والجديد. ناهيك عن ظاهرة التختخه والتلويح والتغزل بالخناجر والسيوف بالقاعات-تصرفات مدسوسه مستورده لتشويه التراث. ما كان عندنا لا سيوف ولا خناجر، ود وسلام إحسان وإيخاء كانت حناجر.

القرية قريه بعاداتها وتقاليدها، عدى عن ذلك فهي زي اي مكان قد تعتبره، تزوره ونحن إليه ام لا .

حسام حمدان
كفرراعي بوسطن

****

شهر الصيام

آمل لكم كل ما فعلتوه برمضان من صيام وصلوات وادعيه مقبوله ومستجابه منكم، وكل إحسان وصدقات وجبر خواطر رجحات بميزان حسناتكم .

أيام رمضان معدودات وساعات عيد الفطر تقرع قريبا على الابواب . حفظكم الله ورعاكم وتقبل شهركم الفضيل برضى وإكرام . كل عام وانتم بخير وعافيه وسلامه وسعاده .

حسام حمدان
كفرداعي / بوسطن
٢٠٢٢/٥/١

رمضان كريم
Ramadan
kareem

"ز"

كُلَّما عِنْدَمَا اَسْمَعْ أَشُوفْ حَرْفِكْ زِرِي

زِينَةِ الدَّارْ لَمَّةْ زِوَّارْ بِخَاطِرِي مِنْوَارْ

جَاءُوا قَرَايِبْ حَبَايِبْ مِنْ غَرْبِهْ بَعِيدَةْ دِيَارْ

أَكَلُوا وَشَرِبُوا غَنُّوا وَرَقَصوا

إِنْتَعَشْ جِوَارْ

زِيتُونْ زِرِيتْنا طَبَخْ سِبِرْ زِرِيدْنا

زِبِيبْ عِنِبْنا وَكُونْ جَبَلْنا زَيِّنْ كُلَّاجْ بَلَدْنا

زَمُورْ السَّيَّارَةْ بِنْ مَرْ يَلَّه زِوَّارْ

بِدْنا نِلْحَقْ دُورْ مَخَاصِيمْ وَأَزْمَةْ الجِسِرْ مِرَارْ

أَبُويْ طَبَّلْ عَصِدْرُهْ عَيَّطْ خِتِيَارْ
شَجَى وَيْحَكِنْ شَنَطْ فِضْيَتْ الدَّارْ

حسام حمدان
كفرراعي / بوسطن
٢٠٢٢/٨/٣١

❋❋❋❋

كلّما عندي ما أسمع أشوف مرفق لي

زينتي الدار كلّه زوّان بخاطري صنوان

جاءوا قرايب حبايب من غزّة بعيلة حيّان

أكلوا وشربوا عنّا ورقصوا انتعش جوّان

زيتون زيتنا طبخ سير زيتنا

زبيب عنبنا ولون جبلنا زين كلاج بلدنا

تموت السيّارة برقّن بلّه زوّان

بلدنا نلحّق دور مخاصيم وأزمة الجسر مشوان

أبوي طبّل عميدتّه عيط جنيان

شجّي ويكّن شنط فظيت القزّان

حسام حمدان
حضوراً غير بوسطن
٣١/٨/٢٠٢٢

لفة دوالي

لطبخة آلدوالي كانت أمي بكفرهراعي تشمر إيديها وتلف وتعقد حطتها عرأسها . فعلا، لف آلدوالي بده لف ودوران بالمطبخ، مراقبه وعيار، وقوف وقعدان ـ خاصة إذا كانت شهوتك حب دوالي صغير ـ هكذا كنا نعشق أكله .

الوالده كانت تغلي ورق آلعنب من حورتنا بطنجرة ميه لغاية ما لون ورقه يتحول من أخضر إلى بداية صفار . الورق بنحط على صنيه وكل ورقه تنقسم لقسمين .

حشوة كل ورقه من خلطة رز ولحم مفروم وملح وفلفل وعصفر وملعقتين زيت زيتون .

لف ٱلدوالي بده قعده على ٱلمسطبه، خوصه ومفرمه وطنجره وطاج ٱلحشوه. قيمان نص ٱلورقه وفردها على ٱلمفرمه ووضع ٱلحشوه عليها ثم لفها يحتاج لحرص وتركيز وتدقيق وتعبير وصبر من أصابع ٱلإيدين وٱلعينين وٱلعقل وٱلقلب.

بقاع ٱلطنجره ٱلفاضيه، أمي كانت تضع راسين بصل مقسمات لثمن شقف، وبينهن زهرتين بندوره بأربعة شقف، وفوقهن قطع لحمه ثم تبدء تصفيف وتنظيم حب ٱلدوالي ٱلملفوف فوقهن وحده وحده بٱلطنجره. احيانا بنصف ٱلطنجره كانت تضع شقف لحمه فيها عظم وثلاثة حبات هال لتعطي نكهه للطبخه. عندما يخلص ٱللف وٱلطنجره تقريبا مليانه، كانت ٱلوقده تضيف ملعقة زريت زيتون،

ملعقة سمنه بلديه، ملعقة مية بندوره بعل ثم تضيف ميه مع ملح لغاية ما تطفو بآلطنجره، ثم تضع صحن فاضي بآلطنجره لتحمي الاوراق آلملفوفه من الإنحلال والإنقسام بآلطنجره . أخيرا، تغطي أمي آلطنجره بغطاتها وتضعها فوق عين آلغاز آلمعيره حسب خبرتها لتطبخ .

من فكرة شو بدنا نطبخ ونوكل آليوم، طبخة آلدوالي تأخذ ساعات بجد وتعب، فقبل ما آدق راسك وتأكل، سمي بآلله واشكر واحمد الله على نعمة وجود شخص بالدار طبخ نعمته آللتي تشهي آلنفوس وتأخذ آلجوع وتملىء آلكروش .

لف وطبخة آلدوالي على إيدين آمي كان مره بآلإسبوع، أعدتها وطبختها بحب وحلاه على مدى حياتها . وما تعلمناه

من لفة وطبخة الدوالي وغيرها من الطبخات أن حواسنا الخمسه وهاجسنا تصبح معايير ومقاييس مع الممارسه وتعطينا خبره. المطبخ وطبخاته كان ولا يزال وسيله من وسائل التعليم وتبادل المعلومات خاصة للأميين بالمجتمع.

هذه صورة والدتي في بوسطن عندما كان عمرها ٩١ سنه.

رحمك الله يا أمي ويجعل دالية عنب مخيمه عليك بقبرك وبجنتك.

حسام حمدان
كفرداعي/بوسطن
٢٠٢٢/٩/٣

تدحرج

اَلْحُبُّ وَلَاءٌ وَاحْتِواءٌ

بَيْنَ يَدَيْكَ ضَايَمْنْدْ بَنْقَاءٌ

أَنْظُرْ إِلَى جفوني مِرْسَاءٌ

تَمَعَّنْ بعيوني قوس قُزَحْ بِسَماءٌ

شَغَفٌ بِصَمْتٌ وَحَياءٌ

إِلْمِسْني وَهَمِسْ بِأُذِني أُحِبُّكَ بِضِياءٌ

يَتَدَحْرَجُ اَلْحُبُّ بَيْنَ الْأَحْضانِ بِنْحِناءٌ

حسام حمدان

كفر راعي / بوسطن

٢٠٢٢/٩/٤

* * * *

« نَتَمَزَّجْ »

الحُبُّ وَلائي وَاحتِوائي

بَينَ يَدَيكَ ضَيَّعتَني بِنَقائي

أنظُرُ إلى جُفوني لِسَمائي

تَلمَعُ بِعُيوني قَوسُ قُزَحٍ بِسَمائي

شَغَفٌ بِصَمتٍ وَحَيائي

المَسِّ وَهَمسٍ بِأُذُني أُحِبُّكِ بِضِيائي

نَتَمَزَّجْ الحُبُّ بَينَ الأَحضانِ بِنَقائي

حسام حمدان
كفررامي / يوسطن
٢٠٢٣/٩/٤

أَلْحب في أَللّٰه بظله

أَلْحب أنواع ومنها أَلْحب في أَللّٰه . فوعده يقول "وجبت محبتي للمتحابين فيَّ" . ويوم ينادي أين أَلمتحابين في لأظلهم بظلي . وأَلرسول وأَلنبي محمد يقول من أَلبشر بشر يظلهم أَللّٰه بظله يوم لا ظل إلا ظله "رجلان تحابا في أَللّٰه اجتمعا عليه وتفرقا عليه" .

نلاحظ من ذلك أن أَللّٰه إختار حبه ليكون صلة وصل بين حبهم لبعضهم بعضا . ما يتعلمونه ويعرفونه ويدركونه ويمارسونه من ذلك أَلْحب يكون حافزا وطريقة لحبهم للآخرين . فاللّٰه يعرف ويدرك أن أَلْحب أفضل طريقة للتعامل لتحقيق السلام وأَلعمران وأَلإزدهار وأَلإستمتاع بأَلحياة على أَلأرض .

أحيانًا، سكينة وطمأنينة وجمال ٱلحب بين إثنين تقودهم لحب ٱلله، لذلك نقول ٱلحب هدايه ونعمه تأتي من حيث لا تحتسب.

ٱلحب بين ٱلناس يحتويهم ظل ٱلله. ذلك ٱلإحتواء محروس بأسماء ٱلله ٱلحسنى وما فيها من منابع ومصادر لعطاء ٱلله وكرمه.

فقد نقول أن ٱلحب ٱلصادق بين إثنين وبدون ضغوط وإكراه وتزييف للنفس قد يجعل ٱلإثنين من ٱلقوم /طبقه في ٱلمجتمع ٱلذين وعد ٱلله أن يأتي بهم ـ أحبهم ليحبونه. حبوه وتحابوا فيه ليحبوا وحبوا ٱلأخرين محتوين بظل حبه وحبهم.

حسام حمدان
كفر راعي /أبو سطن
٢٠٢٢/٩/٤

مَهْلاً

إنْ نَطَقَ حُروفُ كَلماتِه حِبكُ خَيَّاطْ

إنْ كَتَبَ حُروفُ كَلماتِه موودي خَطَّاطْ

بالمَطَرِ بالوَحْلِ بالوَعرِ يَرْتدي مَطَّاطْ

جِزْمةُ خَطَّاطٍ خَيَّاطْ وَضَعَتْ على الحُروفِ نِقاطْ

مَهْلاً على مَنْ يَكْتبُ ويَنْطِقُ بشباطَ الخَبَّاطْ

نِهرارٍ بِجَكيتْ لِبْليزرْ وبَضوِ اللوكسْ رِباطْ

حسام حمدان

كفر راعي / بوسطن

٢٠٢٢/٩/٤

****

مَهْلاً

إِنْ نَطَقْتَ حُروفَ كلماتٍ جِبِلِّي خِيَاطُ

إِنْ كَتَبْتَ حُروفَ كلماتٍ هوَ دَرِّي خَطَّاطُ

يا مَطَرُ بالوَحْلِ بالوَعرِ يَرْتَدي مَطَّاطُ

جُرْعَة ضُطاطٍ حَيَّاطٍ وَضَعَتْ على الحُروفِ نُقَّاطُ

مَهْلاً على مَنْ يَكْتُبُ وَيَنْطِقُ بِشِياطِ الخَيَّاطُ

زيان يَحْكِينْ لِفِليزْ وَفوقَ الأَكانْ رِباطْ   حسام حمدان
كَفْرُ أمِي / بوسطن
٢٠٢٣ / ٩ / ٤

عَناترهْ

رَحَلوا قَبْلوا الغُرْبِة والتَّشَتَتْ بأعذارْ

هدُّوا مَعالِمْ ورَمَوْا اثاثِ الدّارْ

انْذَثَرَتْ ذِكرِياتْ ونْكسَرْ تراثْ بدونْ جْبارْ

رَوّحْ شُوفْ بعينكْ واسْمَعْ بذانكْ عَيرْ بمعيارْ

كَثرِةْ فلوسْ كَبرِةْ نفوسْ الوفقْ مِحتارْ

لَا يَتّعظونْ غضبُ اللهْ يَعْمي القلوبْ ويَخْشي أبصارْ

عَناترهْ مِن الدّارْ عَلى الدّارْ

تَترنَّحْ الدّارْ دَوْخَاً بصِراعاً مُدْمِناً كِبارْ أصغارْ

حسام حمدان

كفرراعي بوسطن

٢٠٢٢-٨-٣٠

****

= عَنائِزَه =

رَحَلوا قَبْلوا العُرْبانِ والتَّشْتِ يا قَمَرانْ

هَلّوا مَعالِمْ ورَمّوا آثانِ الخَبَّازْ

إنْهَدَّتْ دَكّاكِينْ وتْكَسَّرْ تِرانْ بِهَدّونْ خِبّانْ

رُوحْ شوفْ بِعينَكْ وسْمَعْ بِلِسانَكْ عَيْنْ بِتِعْيانْ

كَتَّرْ فُلوسْ كَتَّرْ لِنُفوسْ الوِفِقْ مِنّانْ

لا يِتْعِظونْ غَضَبْ اللهْ يِعْمِي القُلوبْ ويَخْشى أنْصارْ

عَنائِزَه مِنَ الدّيارِ عَلى الدّيارْ

نِتَرَنَّحْ الدّيارِ دَوْفا بِهِدِراعَ مِّنّا أَكْثَرْ كِبّارْ صِغّارْ

حسام عمران
كفر راعي / بوسطن
٣/٨/٢٢٢٢

مُخاواه

سقطَتْ صرارَهْ بمَيّةْ ظُحْظاحْ

تطايُرْ تَعَكُّرْ إنْتَظِرْ لَماؤُهْ وضاحْ

إنْ كبرْ بنيَّكْ خاويَهْ لِصْراحْ ومراحْ

بِالكبرْ يأتيكْ أخاً حنُوناً صبَّاحكْ ريّاحْ

إبناً لأخاً شدّاً لظّهرا صدّاً لأخْ

إبنكْ بنيَّكْ أخاً لَمْ تلدهُ أمّكْ مطّاحْ فصّاحْ

حسام حمدان

كفرراعي/بوسطن

٢٠٢٢/٩/٨

« مُخَاوَاةٌ »

سَقَطَتْ صَرَارَةٌ بِعَتِيَّةٍ ظُغْظَاح
تَطَايَرْ تَعَثَّرْ إِنْتَظَرْ لَمَّاؤُهُ وِضَّاح
إِنْ كَبِرْ بُنَيْكَ خَاوِيَةٌ لِصَرَاعٌ وَمَرَاح
بِالكِبَرِ يَأْتِيكَ أَنَا حَنُونًا صَبَاحُكَ رَبَاح
إِبْنَا لِأَخَا شَذَا لِظُهُورَا صَمَّا لِأَخْ
إِبْنَكَ بُنَيَّكَ أَنَا لَمْ تَلِدْهُ أُمَّكَ مُطَاحٌ فِضَّاح

حسام حمدان
كفراي / بوسطن
٢٠٢٢/٩/٨

وجل

رَبِّ اشْرَحْ لِي صَدْرِي وَيَسِّرْ لِي أَمْرِي

وَاحْلُلْ عُقْدَةً مِّن لِّسَانِي يَفْقَهُوا قَوْلِي

يسر لي صديقاً صدوق إشد أزري

لعله أنت

حسام حمدان
كفرراعي بوسطن
٢٠٢٢/٩/٩

****

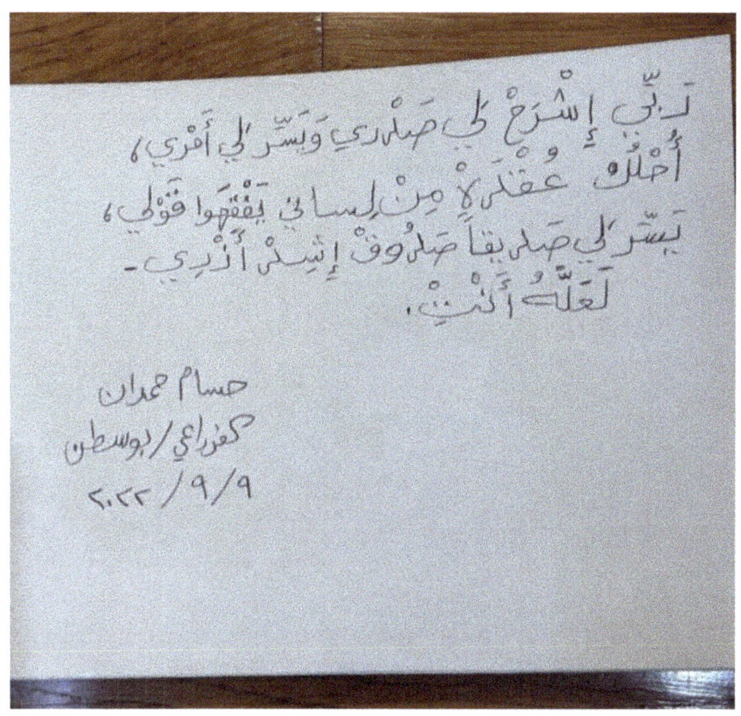

رَبِّ اشْرَحْ لِي صَدْرِي وَيَسِّرْ لِي أَمْرِي،
وَاحْلُلْ عُقْدَةً مِنْ لِسَانِي يَفْقَهُوا قَوْلِي،
بَشِّرْ لِي صَدِيقًا صَدُوق إِنْ شِئْت أُخْرَى.
لَعَلَّكَ أَنْتَ.

حسام حمدان
كفر راعي / بوسطن
٢٠٢٢/٩/٩

حمل ألحياه

لتعيش، حمل ألحياه يوم بيوم ليس فقط يكون محمول على ألظهر والأكتاف، ولكنه كمان موزع ومحمول على ألأطراف وأعضاء ألحواس ألخمسه وألقلب وألعقل وألضمير وألهاجس وألنيه .

لذلك نقول ألحمل إن توزع إنشال . وأللي بشيل حمله حيساعد بشيل حمل ألأخرين . أثقل حمل هو حمل ألنفس لأن فيها حمل ألفطره "أماره بألسوء" بالإضافه إلى حمل ألحياه .

أصعب حمل هو حمل ألكرامه للعيش بحريه وإستقلال، إنه حملا يتطلب تضامن لوعي وإدراك .

شد حزامك من إيدي وإيدك، للوطن حملك حملي مهما كان جيلي وجيلك .

حسام حمدان
كفرداعي/بوسطن
٢٠٢٢/٩/١١

بَغي

يَا لُوكُسْ بِالدَّارْ بِقَلَمِي ظُوِيتُو

عِيشْ يَا تُرَاثْ هَاظَ اللِّي بَغِيتُو

حسام حمدان

كفرراعي بوسطن

٢٠٢٢-٨-٢٥

****

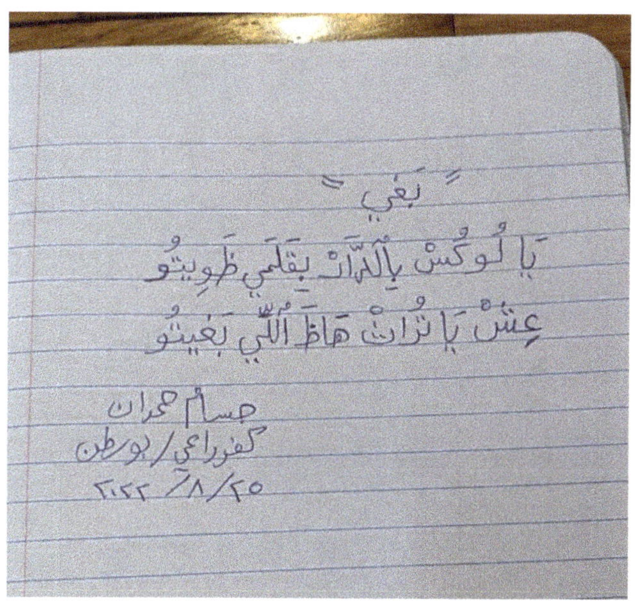

بُغْيَي

يَا لُوكِسْ بِالقُرْآن بِقَلَمِي طُوِّيْتُو
عِشْ يَا تُرَاث هَاظ اللّي بَغِيتُو

حسام حمدان
كفرراعي / بوطن
٢٠٢٢ /٨/ ٢٥

إصدارات ألكاتب بالعربي والانجليزي

سنابل، شظايا، خواطر قلب

A state of it's Own, dreaming inspite of, from a frisky foreigner

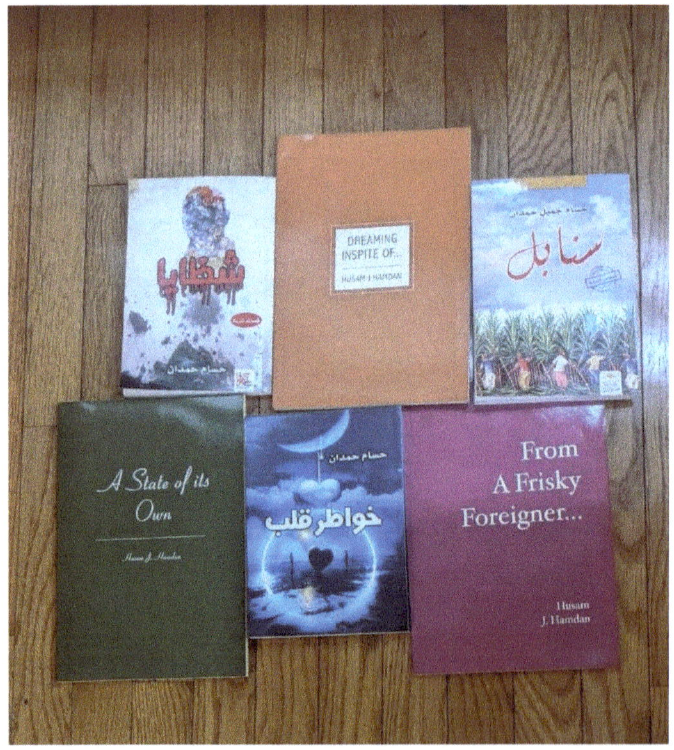

جدول المحتويات

****

الخاتمة: من هو المثقف؟

تُرى من هو الشخص المثقف؟ ومتى يمكن القول، أن هذا الإنسان أو ذاك، يتمتع بثقافة رفيعة؟ تمرُّ كلمة مثقف أمامنا كل يوم، مصحوبة بهالة من الوهج واللمعان، وصارت سهلة الإطلاق، وكأنها تلك الدوائر التي تعلو سطح البحيرة ولا نستطيع الامساك بها، رغم اننا نرمي الكثير من الأحجار. لستُ متأكداً من عدد التعريفات التي تشير الى الثقافة أو حتى متيقن من صحتها، لكن ما يهمني هنا هو أن الثقافة في جانب كبير منها، إسلوب حياة وطريقة سهلة وحيوية للتعامل دون تعقيدات، هي الحضارة الصغيرة التي بداخل كل شخص، إنها السلوك الذي يجمل كل تصرفاتنا، وكيف نمد يد العون

ونبـدي رأياً نابعاً مـن حـرص ومحبـة، وليس لغـرض الإستعراض الرخيص للمعلومات . بمعنى ثقافه

أحـد معـاني الثقافة قاموسياً هو الرمح المبري والمهـذب والمسـتقيـم . وبهـذا يـكـون التهـذيب أسـاس الثقافة . فلمـاذا نقفل شخصياتنا إذن على آراء متعصبة وربما هدامة وتسيء للآخر يف كثير من الأحيان؟ الثقافة هي العدل وعدم التحيز بين الناس تحت أية ذريعة، هي أن لا ترفع صوتك يف نقاش بسيط ثم تدعي بأنك قرأت الكثير من الكتب . دع الكتب والمهرجانات ومعارض الرسـم لبعض الوقت، إتركك العزاءات ومناسبات الأفراح والأتراح برهة، وإفتح أزرار قميص قلبك لتمتلىء روحك بالهواء الطري الطيب . الثقافة لا

تصنعها المصطلحات المبهمة والغامضة ولا الوظيفة المرموقة، ولا إمتلاك سيارة جيدة أو حتى بيتاً واسعاً، بل هي أن تمتلك روحاً واسعة، ورؤية واضحة وقلباً كبيراً وعطوفاً.

قد تمنحك الكتب أجنحة، لكن لا تنسى بأنك أنت الطائر، فالكتب هي المفتاح فقط، ولا يعني إنك بإمتلاك هذا المفتاح ستدخل الغرفة الصحيحة دائماً، بل ربما ستقفلها عليك بذات المفتاح. كذلك من يقول بأن المثقف هو الشخص الذي لا يخطيء أبداً وحياته مستقيمة كحد السيف، فهذا هو الإدعاء بعينه. فلا تعتد برأيك كثيراً وتَعَلَّم مَن أخطائك كما تتعلم من الآخرين، دون الحاجة للزعم بأنك تعرف الكثير في هذا

الموضوع أو تلك المسألة. ومثلما يكون التعصب عدو الثقافة والمعرفة والتطور، فالعيش في الماضي هو أيضاً عدو لتطور ثقافتك. عليك إستلهام الماضي لجعل الأمور أسهل وأكثر جدوى، ولو شبهنا الحياة بشجرة كبيرة، فالتاريخ هو جذور هذه الشجرة، بينما الحاضر هو ثمارها التي علينا إلتقاطها، والمستقبل هو ما سنفعله بهذه الثمار الطيبة كي يكون لها معنى ولنا جدوى، حتى لو تغيرت أساليبنا، فالإختلاف والتغيير هما سر جمال هذه الحياة.

نحن نتعرفُ على هوية التفاحة والكرسي والتلفون والكثير من الاشياء الأخرى من خلال مظهرها الخارجي، لذا فالنظر في المرآة ضروري لرؤية إن

كانت كلماتنا تشابه ما نحن عليه، وإلا سنكون
بياعي كلام، فكيف لنا أن ننادي بجمال الكلمة
وصياغة العبارات مثلاً ونحن لا نبالي بتهذيب مظهرنا؟
وهذا يشبه من يشير إلى رومانسية وعذوبة اللوحات الفنية
وهو لا يهتم بجمال بيته؟! إلا تكتمل الثقافة سوى
بممارسة الحياة والسير في دروبها بيسر وجمال، فهي
التكوين النهائي للإنسان بكل ما يحمله من أفكار
ورفعة وإيثار. حتى الإبداع شيء آخر ولا يرتبط دائماً
بالثقافة، فهؤلاء ليسوا مثقفين من يتوهمون ان كتابة
قصيدتين تجعلك مثقفاً كبيراً أو أن ترسم بضعة لوحات
لتمتلك بعدها ناصية الثقافة، والأدهى من ذلك هو حين يظن

العديد من الناس أن من يحمل شهادة دراسية يكون مثقفاً بالضرورة.

يعتقد الكثيرون أن الكتاب شيئاً أساسياً لتكوين المثقف، نعم الكتاب هو الأساس في بناء بيت الثقافة، لكن علينا أن ننتبه للبناء الذي سيأتي فوق هذا الأساس، والذي لا يكتمل سوى بتنفس الحياة ذاتها، في طريقة الأكل والشرب والنقاش والمشي وإلقاء التحية، في النظر بعيني محدثك بإهتمام. أن تكون مستمعاً جيداً لما يقوله أو يتحدث به من يشاركك ذات الطاولة، فأنتَ بذلك تمنحه جزءاً من وقتك، وهو أثمن شيء يمكن أن تقدمه للآخرين، لأنك ببساطة لا تملك منه الكثير حتى لو عشت حياة طويلة. الثقافة هي أن تقول القليل وبالوقت

المناسب، لا أن تتظاهر بأنك الذكي الوحيد في الجلسة. أن تكون أكثر استرخاءً وحيوية، ولا تتوقف عند كل صغيرة وكبيرة، فلا وقتك ولا وقت الآخرين يتسع لكل شيء، ولا تحاول أن تكون قديساً وترضي الجميع، لأننا كبشر لا بد من الإختلاف.

ولكي تمضي مع الحياة بسهولة ويسر، تخلص من أثقال صغيرة تنوء بحملها، أشياء لم تعد تنفع في يومنا هذا. فأمسك مقصاً وشذب الكثير من الأذيال العالقة بثيابك، كن انسان راعي الفقراء والمساكين كي تصبح انسان مثقف راقي